CW00586396

EL LIBRO COCINA DEFINITIVO PARA ALBÓNDIGAS

50 RECETAS EMOCIONANTES PARA HACER EN CASA

EDUARD LEWIS

Reservados todos los derechos.

Descargo de responsabilidad

La información contenida i está destinada a servir como una colección completa de estrategias sobre las que el autor de este libro electrónico ha investigado. Los resúmenes, estrategias, consejos y trucos son solo recomendaciones del autor, y la lectura de este libro electrónico no garantiza que los resultados de uno reflejen exactamente los resultados del autor. El autor del eBook ha realizado todos los esfuerzos razonables para proporcionar información actualizada y precisa a los lectores del eBook. El autor y sus asociados no serán responsables de ningún error u omisión no intencional que se pueda encontrar. El material del eBook puede incluir información de terceros. Los materiales de terceros forman parte de las opiniones expresadas por sus propietarios. Como tal, el autor del libro electrónico no asume responsabilidad alguna por el material u opiniones de terceros.

El libro electrónico tiene copyright © 2021 con todos los derechos reservados. Es ilegal redistribuir, copiar o crear trabajos derivados de este libro electrónico en su totalidad o en parte. Ninguna parte de este informe puede ser reproducida o retransmitida de forma reproducida o retransmitida en cualquier forma sin el permiso expreso y firmado por escrito del autor.

TABLA DE CONTENIDO

INTRODUCCIÓN

Una albóndiga es un alimento que se define a sí mismo: es literalmente una bola de carne. Pero antes de que empieces a colocar trozos de carne molida en una sartén y a llamar "albóndigas" a tu triste cena, demos un paso atrás.

Aprenda a hacer albóndigas fáciles usted mismo en casa y cocínelas para que estén perfectamente doradas por fuera pero aún jugosas en el medio. Aquí hay algunos trucos y consejos para unas albóndigas perfectas:

La carne molida

Puede utilizar cualquier carne picada o mezcla de carne picada que desee. El favorito de los fanáticos es una mezcla de carne molida de res y cerdo. El cordero molido, el pavo, el pollo, la ternera o el búfalo también son un juego limpio.

Aglutinante de pan rallado y leche

Un truco para asegurarse de que las albóndigas estén totalmente tiernas una vez cocidas es usar una carpeta. Este aglutinante ayuda a agregar humedad a las albóndigas y también evita que las proteínas de la carne se encojan y se endurezcan.

Evite trabajar demasiado la carne

Otro truco para ablandar las albóndigas es no trabajar demasiado la carne: mezcle la carne con el aglutinante y otros ingredientes hasta que estén combinados.

Asar o hervir a fuego lento las albóndigas

Tienes dos opciones: asarlos o hervirlos a fuego lento en una salsa. Asar es la mejor opción si planea servir las albóndigas en algo que no sea una salsa o si planea congelar las albóndigas para más tarde. El asado también le da un poco más de sabor a las albóndigas ya que el exterior se quema con el calor del horno.

Si planea servir las albóndigas con salsa, también puede cocinar las albóndigas junto con la salsa. Esta suave cocción a fuego lento no solo hace algunas de las albóndigas más tiernas y sabrosas que jamás hayas probado, sino que la salsa también se vuelve más rica y sabrosa en el proceso.

ALBÓNDIGAS DE TODO EL MUNDO

1. Albóndigas belgas a la brasa en cerveza

Ingrediente

- 1 taza de migas de pan blanco fresco

- $\frac{1}{4}$ taza de leche

- 1 libra   Carne molida, magra

- $\frac{1}{2}$ libra de carne de cerdo o ternera molida

- 1 huevo grande

- Verduras y especias

- Aceite de cocina

- 2 cucharadas de perejil fresco; adornar

a) Para preparar albóndigas, remoje el pan rallado en leche hasta que esté completamente humedecido; exprimir seco con las manos.

b) Combine el pan rallado, la carne molida, los huevos, las chalotas, el perejil, la sal, la pimienta y la nuez moscada en un tazón mediano.

c) Forme la mezcla en 6 a 8 bolas o empanadas (de 2 pulgadas de diámetro y ½ pulgada de grosor); espolvorear con 2 cucharadas de harina.

d) Caliente la mantequilla y el aceite en una olla profunda y pesada, hasta que estén calientes pero sin humear, a fuego alto. Agrega las albóndigas; cocine hasta que se dore por todos lados, aproximadamente 5 minutos, asegurándose de que la mantequilla no se queme. Retire las albóndigas a un plato; mantener caliente.

2. Sopa de albóndigas búlgara

Rendimiento: 8 porciones

Ingrediente

- 1 libra   Carne molida

- 6 cucharadas de arroz

- 1 cucharadita de pimentón

- 1 cucharadita de ajedrea seca

- Sal pimienta

- Harina

- 6 tazas de agua

- 2 Cubitos de caldo de res
- ½ Manojo de cebollas verdes; rebanado
- 1 Pimiento verde; Cortado
- 2 Zanahorias; pelado, cortado en rodajas finas
- 3 Tomates; pelado y picado
- 1 Sm. chiles amarillos, partidos
- ½ Manojo de perejil; picado
- 1 Huevo
- 1 Limón (solo jugo)

a) Combine carne, arroz, pimentón y ajedrea. Sazone al gusto con sal y pimienta. Mezclar ligeramente pero a fondo. Forme bolas de 1 pulgada.

b) Combine agua, cubos de caldo, 1 cucharada de sal, 1 cucharadita de pimienta, cebollas verdes, pimiento verde, zanahorias y tomates en una olla grande.

c) Tape, deje hervir, reduzca el fuego y cocine a fuego lento durante 30 minutos.

3. Albóndigas marroquíes

Ingrediente

- 1 libra   Carne molida de res o cordero

- 1 cucharadita de sal, $\frac{1}{4}$ de cucharadita de pimienta

- 2 cucharadas de cebollas secas

- $1\frac{1}{2}$ taza de agua o tomates guisados

- 3 cucharadas de mantequilla dulce

- $\frac{1}{2}$ taza de cebollas secas y trituradas

- $\frac{3}{4}$ cucharadita de jengibre, $\frac{1}{4}$ de cucharadita de pimienta

- $\frac{1}{4}$ de cucharadita de cúrcuma, 1 pizca de azafrán

- 1 cucharada de perejil picado

- Comino, 2 cucharaditas de pimentón

- pimentón

- $\frac{1}{4}$ de cucharadita de comino

- 1 cucharadita de pimentón

- $\frac{1}{2}$ taza de perejil picado

- 1   Jugo de limon

a)   Mezcle todos los ingredientes para la carne. Amasar bien y formar bolas de 1 ".

b)   SALSA: Coloque todos los ingredientes en una sartén excepto el limón. Agregue 1$\frac{1}{2}$ taza de agua y deje hervir.

c)   Reduzca la tapa y cocine a fuego lento durante 15 minutos. Agregue las albóndigas y cocine a fuego lento durante 30 minutos. Agregue jugo de limón y sirva de inmediato en un plato caliente con mucho pan marroquí.

4. Albóndigas de cordero persa

Rendimiento: 7 porciones

Ingrediente

- $\frac{3}{4}$ taza de trigo búlgaro, finamente molido

- 2 tazas de agua hirviendo

- 2 libras   Carne de estofado de cordero, molida fina

- $\frac{1}{2}$ taza de cebolla amarilla finamente picada

- $\frac{1}{2}$ taza de piñones

- 3 cucharadas de aceite de oliva

- 2 Huevos batidos

- 1 cucharadita de cilantro molido

- 2 cucharaditas de comino molido

- 3 cucharadas de jugo de limón

- 2 cucharadas de eneldo fresco molido

- 1 cucharada de menta fresca picada

- ½ cucharadita de sal

- Pimienta molida al gusto

a) En un tazón pequeño, deje que el bulgar se remoje en el agua hirviendo durante ½ hora. Escurrir bien.

b) En un tazón grande combine los ingredientes de las albóndigas, incluido el bulgar escurrido, y mezcle muy bien.

c) Forme bolas de 1 ½ pulgada y colóquelas en una bandeja para hornear.

d) Hornee por 20 minutos en un horno precalentado a 3750F, o hasta que esté bien cocido.

5. Albóndigas húngaras

Ingrediente

- Receta de albóndigas básicas

- 1 cucharada de aceite vegetal

- 2 Cebollas; En rodajas finas

- $\frac{3}{4}$ taza de agua

- $\frac{3}{4}$ taza de vino tinto; Seco

- 1 cucharadita de semillas de alcaravea

- 2 cucharaditas de pimentón

- $\frac{1}{2}$ cucharadita de hojas de mejorana

- $\frac{1}{2}$ cucharadita de sal

- $\frac{1}{4}$ de taza de agua

- 2 cucharadas de harina; Sin blanquear

a) Calentar el aceite en una sartén grande. Agregue las cebollas y cocine y revuelva hasta que estén tiernas. Agrega las albóndigas cocidas, $\frac{3}{4}$ de taza de agua, el vino, la alcaravea, el pimentón, las hojas de mejorana y la sal.

b) Calentar hasta que hierva, luego reducir el fuego y tapar. Cocine a fuego lento durante unos 30 minutos, revolviendo ocasionalmente. Mezcle $\frac{1}{4}$ de taza de agua y la harina, revuelva con la mezcla de salsa. Caliente hasta que hierva, revolviendo con cuidado. Hervir y revolver durante 1 minuto.

6. Albóndigas occidentales y salchichas

Ingrediente

- 1 libra   Carne molida

- 1   Huevo, ligeramente batido

- $\frac{1}{4}$ taza de migas de pan, secas

- 1 cebolla mediana rallada

- 1 cucharada de sal

- $\frac{3}{4}$ taza de salsa de chile

- $\frac{1}{4}$ taza de gelatina de uva

- 2 cucharadas de jugo de limón

- 1 taza de salchichas

a) Combine la carne, el huevo, las migas, la cebolla y la sal. Forme bolitas. Combine con la salsa de chile, la gelatina de uva, el jugo de limón y el agua en una sartén grande.

b) Calor; agregue las albóndigas y cocine a fuego lento hasta que la carne se cocine por completo.

c) Justo antes de servir, agregue las salchichas y caliente.

7. Albóndigas de pollo noruegas

Ingrediente

- 1 libra   Pollo picado

- $4\frac{1}{2}$ cucharadita de maicena; dividido

- 1 huevo grande

- $2\frac{1}{4}$ taza de caldo de pollo; dividido

- $\frac{1}{4}$ de cucharadita de sal

- $\frac{1}{2}$ cucharadita de cáscara de limón recién rallada

- 2 cucharadas de eneldo fresco picado; dividido

- 4 onzas   Queso Gjetost; cortar en dados de 1/4 de pulgada

- 4 tazas de fideos de huevo cocidos calientes

a) Batir el huevo; agregue $\frac{1}{4}$ de taza de caldo escaso y $1\frac{1}{4}$ de cucharadita de maicena. Revuelva hasta que quede suave. Agregue la cáscara de limón y 1 cucharada de eneldo fresco.Agregue el pollo molido a esta mezcla.

b) Lleve dos tazas de caldo a hervir a fuego lento en una sartén de 10 o 12 pulgadas.

c) Vierta suavemente cucharadas de la mezcla de pollo en el caldo hirviendo.

d) Prepare la salsa: mezcle 1 cucharada de maicena restante en 2 cucharadas de agua fría. Agregue el caldo a fuego lento y cocine unos minutos hasta que espese un poco. Agregue el queso cortado en cubitos y revuelva constantemente hasta que el queso se derrita.

e) Mientras se cocina el pollo, prepare los fideos y manténgalos calientes.

f) Regrese las bolas de pollo a la salsa.

8. Albóndigas coreanas

Ingrediente

- 1 libra   Jabalí de tierra

- 2 cucharadas de salsa de soja

- 1 pizca de pimienta

- 1   Diente de ajo; picado

- 1   Cebolla verde; Cortado

- 1 cucharada de ajonjolí tostado

- ½ taza de harina

- 1   Huevo; batido con 1 cucharada. agua

- 2 cucharadas de aceite de ensalada

- 4 cucharadas de salsa de soja

- 4 cucharadas de vinagre

- 2 cucharaditas de miel o azúcar morena bien compacta

- 1 pizca de condimento de pimiento picante líquido

- 2 cucharaditas de semillas de sésamo tostadas o cebolla verde finamente picada

a) En un tazón combine el jabalí molido, la salsa de soja, la pimienta, el ajo, la cebolla verde y las semillas de sésamo. Forma bolas con la carne.

b) Drene cada uno en harina, sumérjalo en la mezcla de huevo y nuevamente en harina. Caliente el aceite en una sartén pesada a fuego medio. Cocine bien. Sirva con salsa para mojar.

9. Albóndigas de Manhattan

Ingrediente

- 2 libras   Carne de res molida

- 2 tazas de pan rallado blando

- ½ taza de cebolla picada

- 2   Huevos

- 2 cucharadas de perejil fresco picado

- 1 cucharadita de sal

- 2 cucharadas de margarina Parkay

- 1   Frasco; (10 oz) de conservas de albaricoque Kraft

- $\frac{1}{2}$ taza de salsa barbacoa kraft

a) Mezcle la carne, las migas, la cebolla, los huevos, el perejil y la sal. Forme albóndigas de 1 pulgada.

b) Caliente el horno a 350 grados. Dore las albóndigas en margarina en una sartén grande a fuego medio; drenar. Coloque en una fuente para hornear de 13 x 9 pulgadas.

c) Mezcle las conservas y la salsa barbacoa; vierta sobre las albóndigas. Hornea durante 30 min., Revolviendo de vez en cuando.

10. Albóndigas vietnamitas

Ingrediente

- 1½ libras de carne molida magra

- 1   Diente de ajo, triturado

- 1   Clara de huevo

- 1 cucharada de jerez

- 2 cucharadas de salsa de soja

- ½ cucharadita de humo líquido

- 2 cucharadas de salsa de pescado

- 1 pizca de azúcar

- 1   Sal y pimienta blanca

- 2 cucharadas de almidón de maíz

- 1 cucharada de aceite de sésamo

a)   Licue la mezcla con una batidora o un procesador de alimentos hasta que quede muy suave.

b)   Moldea las albóndigas pequeñas en una brocheta (unas seis albóndigas por brocheta).

c)   Ase a la perfección.

11. Aperitivos de albóndigas suecas

Ingrediente

- 2 cucharadas de aceite de cocina

- 1 libra   Carne molida

- 1 huevo

- 1 taza de pan rallado blando

- 1 cucharadita de azúcar morena

- $\frac{1}{2}$ cucharadita de sal

- $\frac{1}{4}$ de cucharadita de pimienta

- $\frac{1}{4}$ de cucharadita de jengibre

- $\frac{1}{4}$ de cucharadita de clavo molido

- $\frac{1}{4}$ de cucharadita de nuez moscada

- $\frac{1}{4}$ de cucharadita de canela

- $\frac{2}{3}$ taza de leche

- 1 taza de crema agria

- $\frac{1}{2}$ cucharadita de sal

a) Caliente el aceite de cocina en una sartén. Mezcle todos los ingredientes restantes, excepto la crema agria y $\frac{1}{2}$ cucharadita. sal.

b) Forme albóndigas del tamaño de un aperitivo (de aproximadamente 1 "de diámetro). Dore en aceite de cocina por todos lados hasta que esté completamente cocido.

c) Retirar de la sartén y escurrir sobre toallas de papel. Elimine el exceso de grasa y enfríe un poco la sartén. Agregue una pequeña cantidad de crema agria para batir los dorados y revuelva. Luego agregue la crema agria restante y $\frac{1}{2}$ cucharadita. sal, revolviendo para mezclar.

12. Albóndigas a la parrilla galesa

Ingrediente

- 1 libra   Hígado de res / cerdo

- 2 libras   Carne de cerdo molida magra

- 4 onzas   (1/2 taza) de pan rallado

- 2   Cebolla grande finamente picada

- 2 cucharaditas de salvia

- 2 cucharaditas de tomillo

- 2 cucharaditas de perejil seco

- 1 pizca de nuez moscada

- Sal y pimienta para probar

- 3 onzas   Sebo

- Harina para espolvorear

a) Picar finamente el hígado (más fácil de hacer si está congelado) y enjuagar con agua.

b) Agrega la carne de cerdo molida, el pan rallado, la cebolla, la salvia, el tomillo, el perejil, la nuez moscada y la sal y pimienta. Poner un poco de harina en el fondo de un plato, agregar sebo y cubrir ligeramente.

c) Forme bolas más grandes que una albóndiga pero más pequeñas que una pelota de tenis. Use un aerosol antiadherente para cocinar para engrasar una fuente para horno rociada de 30 centímetros cuadrados. Coloque las albóndigas en un plato y cúbralas con papel de aluminio. Hornee en un horno precalentado a 400 grados durante 40 minutos.

d) Retire el papel de aluminio y escurra la grasa. Espesar la grasa con harina o maicena para hacer una salsa, agregar espesante aproximadamente 1 cucharadita a la vez para obtener la consistencia deseada y verter un poco de la salsa alrededor de la carne. Pon albóndigas, a la romana

13. Kofta afgano

Ingrediente

- 1 cebolla finamente picada
- 1 pimiento verde finamente picado
- 1 libra de carne molida
- 1 cucharadita de diente de ajo finamente picado
- $\frac{1}{2}$ cucharadita de semillas de cilantro molidas
- Sal y pimienta para probar

a) Amasar la carne, la cebolla, el pimiento, el ajo y la sal y la pimienta.

b) Deje reposar 30 minutos para mezclar los sabores. Forme 16 bolas ovaladas.

c) Ensarte 4 brochetas alternando con un cuarto de cebolla, un cuarto de pimiento verde y un tomate cherry en cada brocheta. Ase unos 5 minutos hasta que se doren, voltee y ase por el otro lado.

14. Albóndigas polinesias

Ingrediente

- 1 Huevo batido

- ¼ de taza Pan rallado fino y seco

- 2 cucharadas de cilantro fresco, cortado

- 2 Dientes de ajo picados

- ⅛ cucharadita de pimiento rojo molido

- ¼ de cucharadita de sal

- 1 libra   Carne de res molida

- $\frac{1}{4}$ taza de maní, finamente picado

- Juncos de piña fresca o 1

- 20 0z lata trozos de piña, escurridos

- $1\frac{1}{4}$ taza de salsa agridulce

a) En un tazón mediano, combine el huevo, el pan rallado, el cilantro, el ajo, el pimiento rojo y la sal. Agregue los cacahuetes y la carne. Mezclar bien.

b) Forme albóndigas de 1 ". Coloque en una fuente para hornear poco profunda y hornee por 20 minutos a 350 o hasta que ya no esté rosado.

c) Retirar del horno y escurrir. (Para preparar con anticipación, enfríe las albóndigas y luego enfríe hasta por 48 horas). Coloque una albóndiga y un trozo de piña en la brocheta y vuelva a colocarla en la fuente para hornear.

15. Albóndigas griegas

Ingrediente

- 1 libra   Hamburguesa

- 4 rebanadas de pan humedecido

- 1 cebolla pequeña picada o rallada

- $\frac{1}{2}$ cucharadita de orégano

- 1 huevo batido Sal y pimienta al gusto

a) Mezcle todos los ingredientes. Formar bolas
    pequeñas y enrollar en harina hasta que estén

completamente cubiertas. Freír en una sartén que contenga $\frac{1}{8}$ de pulgada de aceite vegetal.

b) Cocine por un lado y luego dé la vuelta. Agregue aceite según sea necesario. Caliente el aceite a fuego medio. Debe hacer aproximadamente 20 albóndigas.

16. Albóndigas escocesas

Ingrediente

- 1 libra   Carne de res molida

- 1 huevo, ligeramente batido

- 3 cucharadas de harina

- ¼ de cucharadita de pimienta negra recién molida

- 3 cucharadas de cebolla picada

- 3 cucharadas de aceite vegetal

- ⅓ taza de caldo de pollo

- 1   Lata de 8 onzas de piña triturada, escurrida

- $1\frac{1}{2}$ cucharada de maicena

- 3 cucharadas de salsa de soja

- 3 cucharadas de vinagre de vino tinto natural

- 2 cucharadas de agua

- $\frac{1}{4}$ de taza de whisky escocés

- ⅓ taza de caldo de pollo

- $\frac{1}{2}$ taza de pimiento verde cortado en cubitos

a) Combine los primeros seis ingredientes. Suavemente forme bolas de aproximadamente 1 pulgada de diámetro.

b) Dore todo en aceite en una sartén de 10 pulgadas.

c) Mientras tanto, prepare la siguiente salsa escocesa.

d) Agrega las albóndigas y el pimiento verde. Cocine a fuego lento unos 10 minutos más. Sirve con arroz.

17. Albóndigas alemanas crujientes

Ingrediente

- $\frac{1}{2}$ libra de salchicha de cerdo molida

- $\frac{1}{4}$ de taza de cebolla picada

- 1 lata 16 Oz chucrut, escurrir y picado

- 2 cucharadas de pan rallado, seco y fino

- 1 paquete de queso crema, ablandar

- 2 cucharadas de perejil

- 1 cucharadita de mostaza preparada

- $\frac{1}{4}$ de cucharadita de sal de ajo

- $\frac{1}{8}$ cucharadita de pimienta
- 1 taza de mayonesa
- $\frac{1}{4}$ taza de mostaza preparada
- 2 huevos
- $\frac{1}{4}$ taza de leche
- $\frac{1}{2}$ taza de harina
- 1 taza de pan rallado, fino
- Veg. petróleo

a) Combine la salchicha y la cebolla en una sartén y pan rallado.

b) Combine el queso y los siguientes 4 ingredientes en un tazón; agregue la mezcla de salchicha, revolviendo bien.

c) Forme bolitas de $\frac{3}{4}$ "con la mezcla de salchicha; enrolle la harina. Sumerja cada bola en la mezcla de huevo reservada; enrolle las bolitas en pan rallado.

d) Vierta el aceite a una profundidad de 2 "en el horno; caliente a 375 grados. Freír hasta que se doren.

18. Albóndigas hawaianas

Ingrediente

- 2 libras   Carne molida

- ⅔ taza de migas de galletas Graham

- ⅓ taza de cebolla picada

- ¼ de cucharadita de jengibre

- 1 cucharadita de sal

- 1 huevo

- ¼ taza de leche

- 2 cucharadas de maicena

- ½ taza de azúcar morena

- ⅓ taza de vinagre

- 1 cucharada de salsa de soja

- ⅓ taza de pimiento verde picado

- Lata de 13½ onzas de piña triturada

a) Mezcle la carne molida, las migas de galleta, la cebolla, el jengibre, la sal, el huevo y la leche y forme bolas de 1 pulgada. Dorar y colocar en una fuente para horno.

b) Mezcle la maicena, el azúcar morena, el vinagre, la salsa de soja y el pimiento verde. Cocine a fuego medio hasta que espese. Agregue piña triturada más jugo.

c) Calentar y verter sobre las albóndigas. Calentar bien y servir.

19. Albóndigas escandinavas

Ingrediente

- Mezcla básica de albóndigas

- $\frac{1}{8}$ cucharadita de cardamomo; suelo

- 1 cucharada de aceite vegetal

- $1\frac{1}{4}$ taza de caldo de res listo para servir

- $\frac{1}{4}$ de cucharadita de eneldo

- 1 cucharada de maicena

- 2 cucharadas de vino blanco seco

- 2 tazas de fideos; cocido

a) Combine los ingredientes de la mezcla básica de albóndigas con cardamomo, mezclando de manera ligera pero completa. Forme 12 albóndigas con la mezcla.

b) Dore las albóndigas en aceite caliente en una sartén grande a fuego medio. Vierta las gotas. Agregue el caldo de res y el eneldo a las albóndigas en la sartén, revolviendo para combinar.

c) Llevar a hervir; reducir el calor. Cubra bien y cocine a fuego lento durante 20 minutos. Disuelva la maicena en vino blanco. Agregue a la sartén y continúe cocinando hasta que espese, revolviendo constantemente.

20. Albóndigas mexicanas

Ingrediente

- 500 gramos de carne picada; (1 libra)

- 500 gramos Carne de cerdo picada; (1 libra)

- 2 Dientes de ajo; aplastada

- 50 gramos   Pan rallado blanco fresco; (2 onzas)

- 1 cucharada de perejil recién picado

- 1 huevo

- Sal y pimienta negra recién molida

- 2 cucharadas de aceite

- 1 tarro de salsa de taco de 275 gramos

- 50 gramos   Queso cheddar; rallado (2 oz)

a) Mezclar la carne y el ajo, el pan rallado, el perejil, el huevo y el condimento y formar 16 bolitas.

b) Calentar el aceite en una sartén y freír las albóndigas en tandas para que se doren por todas partes.

c) Transfiera a una fuente para horno y vierta sobre la salsa de taco. Tape y cocine en un horno precalentado a 180 C, 350 F, Gas Mark 4 durante 30 minutos.

d) Espolvorear sobre el queso rallado y volver a colocar en el horno sin tapar y seguir cocinando durante 30 minutos más.

21. Albóndigas noruegas en gelatina de uva

Ingrediente

- 1 taza de pan rallado; suave

- 1 taza de leche

- 2 libras   Carne molida

- $\frac{3}{4}$ libras Carne de cerdo molida; inclinarse

- $\frac{1}{2}$ taza de cebolla; picado muy fino

- 2 huevos; vencido

- 2 cucharaditas de sal

- 1 cucharadita de pimienta

- $\frac{1}{2}$ cucharadita de nuez moscada

- $\frac{1}{2}$ cucharadita de pimienta de Jamaica

- $\frac{1}{2}$ cucharadita de cardamomo

- $\frac{1}{4}$ de cucharadita de jengibre

- 2 cucharadas de grasa de tocino; o aceite de ensalada

- 8 onzas   Mermelada de uva

a) Remoje el pan rallado en leche durante una hora. Combine la carne molida de res, el cerdo y la cebolla. Agregue los huevos, la leche, la mezcla de pan rallado. Agregue sal, pimienta y especias.

b) Mezclar bien y batir con un tenedor. Enfríe de una a dos horas. Forme bolas pequeñas, enrolle en harina y dore en la grasa de tocino o aceite. Agite la sartén o una sartén pesada para enrollar las albóndigas en grasa caliente.

c) Coloque en una olla de barro con 1 frasco grande de jalea de uva y cocine a LENTO durante una hora.

22. Albóndigas tailandesas picantes con fideos

Ingrediente

- 1 libra   Carne de cerdo molida

- 1 huevo grande

- ½ taza de maní tostado en seco, finamente picado

- ¼ taza de cilantro o perejil fresco picado

- ¾ cucharadita de sal

- 1   3 3/4 oz paquete de fideos de celofán

- ½ taza de mantequilla de maní en trozos

- 1 cucharada de piel de limón rallada

- $\frac{1}{4}$ de cucharadita de pimienta de cayena roja molida

- 1 pepino pequeño, en rodajas

- 1 zanahoria pequeña, pelada y en rodajas finas o cortada en palitos finos

- Aceite vegetal Ramitas de cilantro o perejil fresco,

a) Combine la carne de cerdo, el huevo, el maní molido, el cilantro picado y la sal.

b) Forme bolas de 1 "con la mezcla. En una sartén de 12" a fuego medio-alto, caliente 2 cucharadas de aceite; agregue las albóndigas. Cocine unos 12 minutos, volteando con frecuencia hasta que estén bien dorados por todos lados.

c) Mientras tanto, agregue los fideos.

d) Cuando las albóndigas estén cocidas, agregue la mantequilla de maní, la cáscara de limón rallada y el pimiento rojo molido.

23. Albóndigas de país ucraniano "bitki"

Ingrediente

- 1½ libras de champiñones frescos o

- ¼ de libra de hongos secos

- 2 libras   Chuck de ternera deshuesado molido

- 3 cada una   Cebollas grandes picadas finas

- ½ taza de mantequilla o margeraine

- 1 diente de ajo de cada uno picado

- 1 taza de harina

- 2 cucharadas de pan rallado

a) Mezclar la ⅓ de las cebollas, la carne, el pan rallado, la sal y la pimienta y el ajo. Formar bolas de esta mezcla aprox. 2 "de diámetro. Aplanar estas bolas y dragar en harina y dorar ambos lados en mantequilla.

b) Remoje los champiñones en agua fría si usa champiñones secos. Hervir durante 30 minutos luego escurrir y reservar el caldo. Dore la mezcla de cebolla y champiñones en mantequilla.

c) Coloque las cebollas picadas restantes como una capa en una olla grande, coloque la mitad de la mezcla de cebolla y champiñones cocidos sobre esta capa de cebolla picada cruda.

d) Coloque el bitki encima de esta capa y luego cúbralo con la mezcla restante de cebolla y champiñones.

24. Espaguetis de albóndigas de pavo

Ingrediente

- $\frac{3}{4}$ libras de pechuga de pavo molida sin piel o pavo molido

- $\frac{1}{4}$ taza de zanahoria rallada

- $\frac{1}{4}$ de taza de cebolla picada

- $\frac{1}{4}$ de taza de pan rallado seco

- 1 cucharada de albahaca fresca picada O 1 cucharadita de hojas de albahaca secas

- 2 cucharadas de leche desnatada

- $\frac{1}{2}$ cucharadita de sal; Si es deseado

- $\frac{1}{4}$ de cucharadita de pimienta

- 1 diente de ajo; aplastada

- 3 tazas de salsa de espagueti preparada

- 2 tazas de espagueti cocido caliente o calabaza espagueti

- Queso parmesano rallado; Si es deseado

a) En un tazón mediano, combine el pavo molido, la zanahoria, la cebolla, el pan rallado, la albahaca, la leche, la sal, la pimienta y el ajo; mezclar bien. Forme bolas de 1 pulgada con la mezcla de pavo.

b) En una cacerola grande, combine las albóndigas y la salsa. Cubrir; cocine a fuego medio durante 10 a 15 minutos hasta que las albóndigas ya no estén rosadas en el centro, revolviendo ocasionalmente.

c) Sirva con espaguetis cocidos o calabaza espagueti. Cubra con queso parmesano.

25. Albóndigas rusas (bitochki)

Ingrediente

- 1 libra   Carne molida

- 1 libra   Ternera molida

- $\frac{1}{2}$ taza de cebolla picada

- $\frac{1}{4}$ de taza Grasa renal extraída

- 2 rebanadas partidas, remojadas en leche, exprimidas hasta secar

- 2 cucharaditas de sal

- Pimienta molida

- Pan rallado fino

- Mantequilla o grasa de res

- 2 tazas de crema agria

- $\frac{1}{2}$ libra de champiñones en rodajas, salteados

a) Cocine la cebolla en grasa de riñón extraída hasta que se ablande. Mezclar la carne, la ternera, la cebolla, el pan, la sal y un poco de pimienta. Amasar bien y enfriar.

b) Mójese las manos y forme con la mezcla bolas del tamaño de bolas de oro. Enrolle las migajas y fríalas en mantequilla o grasa de res hasta que se doren por completo. Retirar y mantener caliente.

c) Agregue la crema agria y los champiñones a la sartén. Calor. Vierta la salsa sobre la carne.

26. Albóndigas mediterráneas

Ingrediente

- 1 libra   Carne molida, desmenuzada

- 3 cucharadas de pan rallado seco sin condimentar

- 1 huevo grande

- 1 cucharadita de hojuelas de perejil seco

- 2 cucharadas de margarina

- $\frac{1}{4}$ de cucharadita de ajo en polvo

- $\frac{1}{2}$ cucharadita de hojas de menta secas, trituradas

- ¼ de cucharadita de hojas de romero secas, trituradas

- ¼ de cucharadita de pimienta

- 1 cucharadita de hojuelas de perejil seco

a) Combine todos los ingredientes de las albóndigas en un tazón mediano. Forme 12 albóndigas con la mezcla.

b) Coloque la margarina, el ajo en polvo y el perejil en una taza.

c) Cocine en el microondas a temperatura alta durante 45 segundos a 1 minuto, o hasta que la mantequilla se derrita.

d) Sumerja las albóndigas en la mezcla de margarina para cubrirlas y colóquelas en una rejilla para asar.

e) Cocine en el microondas a temperatura alta durante 15 a 18 minutos, o hasta que las albóndigas estén firmes y ya no estén rosadas en el centro, girando la rejilla y reorganizando las albóndigas dos veces durante el tiempo de cocción. Si lo desea, sírvalo con arroz cocido caliente o cuscús.

27. Sopa china de albóndigas y berros

Ingrediente

- 8 onzas   Castañas de agua

- 1 libra   Carne de cerdo magra finamente molida

- $4\frac{1}{2}$ cucharadita de jengibre fresco pelado y picado

- Pimienta blanca molida, al gusto

- $1\frac{1}{2}$ cucharadita de salsa de soja

- $2\frac{1}{8}$ cucharadita de maicena

- Sal al gusto

SOPA:

- 5 tazas de caldo de verduras

- 5 tazas de caldo de pollo

- Sal

- Pimienta negra recién molida

- 2 manojos de berros picados

- 3 cebollas verdes, finamente picadas

a) Picar finamente 12 de las castañas de agua. Reserva los restantes para decorar.

b) Combine el cerdo, el jengibre, las castañas de agua picadas, la salsa de soja, la maicena, la sal y la pimienta. Mezcle bien y forme bolas de $\frac{3}{4}$ de pulgada de diámetro.

c) Lleve el caldo de verduras y el caldo de pollo a fuego lento en una olla grande. Poner una cuarta parte de las albóndigas en el caldo y escalfar hasta que suban hasta arriba.

d) Agrega los berros y las cebolletas.

28. Keftedes [albóndigas griegas]

Ingrediente

- 1½ libras de bistec redondo molido

- 2 huevos; ligeramente batido

- ½ taza de pan rallado; fino, suave

- 2 cebollas medianas; picado muy fino

- 2 cucharadas de perejil; fresco, picado

- 1 cucharada de menta fresco, picado

- ¼ de cucharadita de canela

- ¼ de cucharadita de pimienta de Jamaica

- Sal y pimienta molida fresca

- Manteca para freír

a) Combine todos los ingredientes excepto la manteca y mezcle bien.

b) Refrigere por varias horas. Forme bolitas y fríalas en la manteca derretida. Servir caliente.

29. Albóndigas francesas

Ingrediente

- 1 libra   Pollo o pavo molido

- ½ taza de pan rallado

- 1 huevo

- 1 cucharadita de hojuelas de perejil

- ½ cucharadita de cebolla en polvo

- ¼ de cucharadita de sal

- ⅛ cucharadita de pimienta

- $\frac{1}{8}$ cucharadita de nuez moscada

- 2 cucharadas de aceite vegetal

- 1 frasco de salsa de pollo para cocinar

- $\frac{1}{4}$ de cucharadita de sal

- $\frac{1}{4}$ de cucharadita de pimienta

- $1\frac{1}{2}$ taza de guisantes congelados

- $\frac{1}{2}$ taza de crema agria

- 8 onzas   Fideos de huevo anchos, cocidos y escurridos

a) En un tazón grande, combine el pollo molido, el pan rallado, el huevo, el perejil, la cebolla en polvo, $\frac{1}{4}$ de cucharadita de sal, $\frac{1}{8}$ de cucharadita de pimienta y nuez moscada. Forme albóndigas de $1\frac{1}{2}$ ".

b) Dore las albóndigas por todos lados en aceite vegetal; drenar la grasa. Agregue la salsa, $\frac{1}{4}$ de cucharadita de sal, $\frac{1}{8}$ de cucharadita de pimienta y los guisantes.

c) Cocine a fuego lento, tapado, 30 minutos o hasta que las albóndigas estén bien cocidas; revuelva de vez en cuando. Agrega crema agria.

30. Albóndigas de cordero del Medio Oriente

Ingrediente

- 1½ libras de cordero molido

- ½ taza de cebolla; picado

- ½ taza de perejil fresco; picado

- 3 cucharadas de harina

- 3 cucharadas de vino tinto; (o agua)

- 1½ cucharadita de sal

- $\frac{1}{2}$ cucharadita de pimienta recién molida

- $\frac{1}{2}$ cucharadita de pimienta de Jamaica

- $\frac{1}{4}$ de cucharadita de canela

- $\frac{1}{4}$ de cucharadita de pimienta de Cayena

a) Combine los ingredientes, mezcle bien y forme 18 albóndigas.

b) Coloque aproximadamente de 4 a 6 pulgadas por encima de las brasas o ase a unas 4 pulgadas de la fuente de calor durante unos 15 a 20 minutos, volteando con frecuencia o hasta que el cordero esté listo.

31. Sopa de albóndigas asiática

Ingrediente

- 2 cuartos de caldo de pollo

- ¼ de libra de carne de cerdo molida

- 1 cucharada de cebolletas picadas

- 1 cucharada de salsa de soja

- 1 cucharadita de jengibre finamente picado

- 1 cucharadita de aceite de sésamo

Rollos de camarones:

- ¼ de libra de camarones molidos

- ½ taza de fideos de celofán, cocidos

- 1½ cucharadita de salsa de soja

- 1 cucharadita de cebolletas picadas

- 1 cucharadita de ajo picado

- 6 Hojas de col de napa

- 6 Verdes de cebolleta larga

- Cebolletas picadas, para decorar

a) En una olla para sopa, caliente lentamente el caldo de pollo a fuego lento. Hacer albóndigas: combine los ingredientes y forme ⅓ bolas de pulgadas.

b) Haga rollos de camarones: combine los camarones y los siguientes 4 ingredientes. Coloque las hojas de repollo, amontone 1½ cucharadas de relleno en el centro y dóblelas como un rollo de huevo; atar bien con una cebolleta.

c) Coloque con cuidado las albóndigas y los rollos de camarones en el caldo hirviendo. Cocine a fuego lento, 15 minutos.

d) Mezcle algunas cebolletas picadas en una olla para sopa, ajuste el condimento y sirva.

32. Sándwich de albóndigas italiano

Ingrediente

- 1 libra   Mandril rectificado o rectificado

- $\frac{1}{2}$ libra de carne de cerdo molida

- $1\frac{1}{2}$ taza de queso rallado

- 2 tazas de pan rallado fino y seco

- Un puñado de perejil triturado seco

- 2 huevos

- $\frac{3}{4}$ taza de leche

- Sal pimienta

- 1 cuarto de salsa de tomate y 1 lata pequeña de pasta de tomate

- 1 pinta de tomates enteros, triturados

- vino tinto

- Carne de cerdo salada

- Sal, pimienta, sal de ajo al gusto

- Albahaca seca, Mejorana seca

- 4 dientes de ajo picados

a) Prepara la salsa

b) Prepara las albóndigas: Coloca todos los ingredientes, excepto la leche, en un bol grande y mezcla bien.

c) Forme una pequeña porción de la mezcla de carne en una bola de aproximadamente 2 "de diámetro. Cocínelos hasta obtener una buena corteza por fuera.

33. Kefta egipcia

Ingrediente

- 1 libra de cordero molido

- 1 cucharadita de sal

- $\frac{1}{2}$ cucharadita de pimienta molida

- Berro Picado

- perejil plano

a) Combine la carne, la sal y la pimienta, forme en óvalos de 5 o 6 cuatro pulgadas.

b) Enhebre en la brocheta y cocine a la parrilla durante 5 minutos hasta que se dore, dé vuelta y cocine por el otro lado. Servir sobre un lecho de berros. Espolvorea abundantemente con perejil picado. Acompaña con pan de pita.

34. Albóndigas europeas en salsa de crema

Ingrediente

- 8 onzas   Ronda de carne molida magra

- 8 onzas   Paletilla de cerdo o ternera molida magra

- 1 cebolla amarilla pequeña; picado muy fino

- $\frac{1}{2}$ cucharadita de sal, pimienta negra

- $\frac{1}{4}$ de cucharadita de tomillo seco; derrumbado

- $\frac{1}{4}$ de cucharadita de mejorana u orégano; derrumbado

- $\frac{1}{4}$ de cucharadita de nuez moscada molida

- $1\frac{1}{2}$ taza de pan rallado fresco

- 2 cucharadas de mantequilla

- 2 cucharadas de harina para todo uso

- $1\frac{1}{2}$ taza de caldo de res

- 2 cucharadas de eneldo cortado -o-

- 2 cucharaditas de eneldo seco

- $\frac{1}{2}$ taza de crema espesa o ligera

a) En un bol mezclar la carne de res, cerdo, cebolla, sal, pimienta, tomillo, mejorana, nuez moscada, pan rallado y agua con las manos.

b) Forme bolitas de 2 pulgadas con la mezcla. Ase por cada lado o hasta que esté ligeramente dorado.

c) Para preparar la salsa, derrita la mantequilla en una sartén pesada de 10 pulgadas a fuego moderado. Mezcle la harina para hacer una pasta suave. Transfiera las albóndigas a la salsa.

d) Agregue el eneldo y agregue la crema y revuelva hasta que la salsa esté suave, aproximadamente 1 minuto. Agrega un rubor de pimentón y el eneldo. Sirva con papas o fideos de huevo con mantequilla.

35. Albóndigas danesas (frikadeller)

Ingrediente

- $\frac{1}{2}$ libras de ternera

- $\frac{1}{2}$ libras de cerdo

- 1 gramo de cebolla

- 2 tazas de leche

- Pimienta al gusto

- 2 cucharadas de harina o 1 taza de pan rallado

- 1 huevo

- Sal al gusto

a) Ponga la ternera y el cerdo juntos a través de un molinillo 4 o 5 veces. Agrega harina o pan rallado, leche, huevo, cebolla, sal y pimienta. Mezclar bien.

b) Colocar en una sartén con una cucharada grande y freír a fuego lento.

c) Sirva con mantequilla dorada, papas y repollo guisado.

36. Albóndigas suecas fáciles

Ingrediente

- 2 libras   Carne molida (res, ternera y cerdo)

- 1 cebolla rallada

- ½ taza de pan rallado

- pizca de sal, pimienta

- 1 cucharadita de salsa Worcestershire

- 2 huevos batidos

- 4 cucharadas de mantequilla

- 2 tazas de caldo o consomé

- 4 cucharadas de harina

- $\frac{1}{4}$ taza de jerez

a) Mezcle los primeros seis ingredientes, forme bolitas. Dorar en mantequilla.

b) Agregue el caldo, tape la sartén y cocine a fuego lento durante 15 minutos. Retire las albóndigas, manténgalas calientes. Espesar la salsa con la harina mezclada con un poco de agua fría. Cocine 5 minutos, agregue jerez. Vuelva a calentar las albóndigas en salsa.

37. Albóndigas alemanas

Ingrediente

- 1 libra   Carne molida

- 1 libra   Cerdo, molido

- 1   Cebolla rallada

- ⅓ taza de pan rallado

- pizca de sal

- pizca de pimienta

- pizca de nuez moscada

- 5   Clara de huevo batida

- 3 tazas de agua

- 1 Cebolla finamente cortada

- 4 hojas de laurel

- 1 cucharada de azúcar

- 1 cucharadita de sal

- $\frac{1}{2}$ cucharadita de pimienta gorda y granos de pimienta

- $\frac{1}{4}$ taza de vinagre de estragón

- 1 cucharada de harina

- 5 yemas de huevo batidas

- 1 limón en rodajas

- alcaparras

a) ALBÓNDIGAS: Mezcle todos los ingredientes, agregando al final las claras de huevo batidas. Forme bolas. SALSA: Hervir los primeros 6 ingredientes durante 30 minutos. Presion; llevar al punto de ebullición, agregar las albóndigas y cocinar a fuego lento durante 15 minutos. Retire las albóndigas a un plato caliente, manteniéndolas calientes. Agregue vinagre al líquido.

38. Guiso de albóndigas de Ghana

Ingrediente

- 2 libras   Carne molida

- 1 cucharadita de jugo de limón

- 1 huevo grande; Ligeramente golpeado

- 1 taza de cebollas; Picado muy fino

- 1 cucharadita de sal, 1 cucharadita de pimienta
  negra

- 1 pizca de ajo en polvo

- 1 cucharadita de nuez moscada molida

- $1\frac{1}{2}$ cucharada de harina para todo uso

- $\frac{1}{2}$ taza de aceite de cocina

- 1 cebolla mediana; Rebanado

- 1 taza de salsa de tomate

- 1 tomate mediano; Pelado y en rodajas

- 1 pimiento verde; Rebanado

a) En un tazón grande, combine la carne molida con ablandador, jugo de limón, huevo, cebolla, sal, pimienta, ajo y nuez moscada.

b) Forme alrededor de una docena de bolas del tamaño de una cucharada de carne de res sazonada.

c) Mientras tanto, caliente el aceite en una sartén grande a fuego medio. Dore todos los lados de las albóndigas de manera uniforme mientras usa una cuchara de metal para dar vuelta.

d) Para preparar la salsa, devuelva el aceite de cocina restante a una sartén grande y limpia y dore toda la harina restante. Agregue la cebolla, la salsa de tomate, el tomate en rodajas y el pimiento verde.

e) Agregue las albóndigas doradas reservadas, cubra y reduzca el fuego a fuego lento.

39. Albóndigas de aperitivo del lejano oriente

Ingrediente

- 1 lata de fiambre de spam; (12 onzas)

- ⅔ taza de pan rallado seco

- ½ taza de brotes de soja picados y bien escurridos

- ¼ de taza de cebollas verdes picadas

- ¼ de cucharadita de jengibre en polvo

- Pimienta negra recién molida; probar

- Selecciones de cócteles

SALSA DE ACOMPAÑAMIENTO

- 1 taza de jugo de tomate

- $\frac{1}{4}$ taza de pimiento verde finamente picado

- ⅓ taza de cebollas verdes finamente picadas

- $\frac{1}{4}$ de cucharadita de jengibre molido

a) Combine el Spam molido con pan rallado, frijoles, cebolla, jengibre y pimiento.

b) Forme 24 bolitas con la mezcla. Coloque sobre la rejilla en un molde para hornear poco profundo; hornee en horno a 425 grados durante 15 minutos. Déjelo enfriar a temperatura ambiente.

c) Unte las albóndigas en palillos de cóctel y sumérjalas en la salsa picante del Lejano Oriente.

d) Salsa para mojar Far East: En una cacerola pequeña, combine todos los ingredientes. Llevar a hervir; cocine a fuego lento, sin tapar, 5 minutos. Servir caliente.

40. Albóndigas indonesias

Ingrediente

- 500 gramos de carne de cerdo picada

- 1 cucharadita de jengibre fresco rallado

- 1 Cebolla; muy finamente picado

- 1 Huevo; vencido

- ½ taza de pan rallado fresco

- 1 cucharada de aceite

- 1 cebolla; cortado en cubitos

- 1   Diente de ajo; aplastada

- 1 cucharadita de jengibre fresco rallado

- $\frac{1}{4}$ de cucharadita de cilantro molido

- 1 lata de crema reducida de Nestlé

- 2 cucharadas de coco fino

- 4 cucharaditas de salsa de soja

- $\frac{1}{4}$ taza de mantequilla de maní crujiente

a) Combine la carne de cerdo picada, la raíz de jengibre, la cebolla, el huevo y el pan rallado. Mezclar bien.

b) Agregue las albóndigas y cocine hasta que estén doradas por todas partes.

c) Coloca la mantequilla en la sartén. Agrega la cebolla y cocina por 2-3 minutos.

d) Agregue el ajo, el curry de raíz de jengibre en polvo y el cilantro molido.

e) Agregue la resma reducida, el agua y el coco. Revuelva hasta que quede suave y luego agregue la salsa de soja y la mantequilla de maní. Agrega las albóndigas.

41. Albóndigas libanesas

Ingrediente

- $\frac{1}{2}$ taza de cebolla picada

- 3 cucharadas de mantequilla

- 1 libra   Carne molida

- 1 huevo batido

- 2 rebanadas de pan empapado en 1/2 c. Leche

- 1 cucharadita de sal

- $\frac{1}{8}$ cucharadita de pimienta

- 1 taza de pan rallado seco
- 2 tazas de yogur natural

a) Preparación: Sofreír la cebolla en 1 cucharada de mantequilla hasta que esté transparente.

b) Déjelo enfriar un poco. Mezclar con carne, huevo, pan y condimentos. Forme bolas de $1\frac{1}{4}$ de pulgada y enróllelas en pan rallado seco. Dorar lentamente en las 2 cucharadas de mantequilla restantes. Escurra todo menos 2 cucharadas de grasa.

c) Con una cuchara, coloque suavemente el yogur sobre y alrededor de las albóndigas. Cocine a fuego lento durante 20 minutos. Sirva caliente con arroz o pilaf de trigo.

42. Albóndigas y pimientos de California

Ingrediente

- 3 cucharadas de aceite de oliva

- 1 pimiento rojo grande, sin corazón, sin semillas

- 1 pimiento verde grande, sin corazón, sin semillas

- 1 pimiento amarillo grande, sin corazón, sin semillas

- 1 cebolla grande, cortada en gajos

- ⅓ libras de carne molida

- ⅓ libras de carne de cerdo molida

- ⅓ libras de ternera molida

- 1 huevo grande

- ¼ de taza de pan rallado fino y seco

- ¼ taza de perejil fresco picado

- 1 cucharadita de semillas de hinojo, trituradas

- 1¼ cucharadita de sal

- ¼ de cucharadita de pimienta negra

- ½ taza de aceitunas negras sin hueso, cortadas por la mitad

a) En una sartén de 12 "a fuego medio, caliente 1 cucharada de aceite de oliva; agregue los pimientos rojos, verdes y amarillos y la cebolla.

b) Combine Butcher's Blend, huevo, pan rallado, perejil, semillas de hinojo, ¼ de cucharadita. sal y pimienta negra.

c) Forme la mezcla en bolas de 1¼ ". Cocine.

43. Albóndigas cantonesas

Ingrediente

- 1 libra   Carne molida

- $\frac{1}{4}$ de taza de cebollas picadas

- 1 cucharadita de sal

- 1 cucharadita de pimienta

- $\frac{1}{2}$ taza de leche

- $\frac{1}{4}$ de taza) de azúcar

- $1\frac{1}{2}$ cucharada de maicena

- 1 taza de jugo de piña

- $\frac{1}{4}$ taza de vinagre

- 1 cucharadita de salsa de soja

- 1 cucharada de mantequilla

- 1 taza de apio en rodajas

- $\frac{1}{2}$ taza de pimiento en rodajas

- $\frac{1}{2}$ taza de almendras picadas, salteadas

- Forme 20 albóndigas pequeñas de carne combinada, cebolla, sal, pimienta y leche.

a) Combine el azúcar y la maicena; mezcle los líquidos y agregue la mantequilla.

b) Cocine a fuego lento hasta que esté claro, revolviendo constantemente.

c) Agrega las verduras y calienta a fuego lento durante 5 minutos.

d) Coloque las albóndigas sobre una cama de arroz cocido, cubra con salsa y espolvoree con almendras.

Albóndigas con palillo de cóctel

44. Albóndigas de cóctel festivo

Ingrediente

- 1½ libras de carne molida

- 1 taza de arroz MINUTE

- 1 lata (8 oz) de piña triturada en jugo

- ½ taza de zanahoria [finamente rallada]

- ½ taza de cebolla [picada]

- 1 huevo [batido]

- 1 cucharadita de jengibre [molido]

- 8 onzas   aderezo francés

- 2 cucharadas de salsa de soja

a) Mezcle todos los ingredientes, excepto los 2 últimos, en un tazón y luego forme albóndigas de 1 ".

b) Coloque en una bandeja para hornear engrasada y hornee en horno precalentado.

c) Mezcle la salsa de soja y el aderezo.

d) Sirve las albóndigas tibias con el aderezo.

45. Albóndigas de aperitivo al chipotle

Ingrediente

- 1 cebolla mediana; Cortado

- 4 Dientes de ajo; Cortado

- 1 cucharada de aceite vegetal

- 1 taza de salsa de tomate

- 2 tazas de caldo de res

- $\frac{1}{4}$ taza de adobo de chipotles junto con la salsa

- 1 libra   Carne molida

- 1 libra   Carne de cerdo molida

- $\frac{1}{2}$ taza de cebolla finamente picada

- $\frac{1}{4}$ taza de cilantro fresco finamente picado

- $\frac{1}{2}$ taza de pan rallado

- 1 huevo; vencido

- Sal y pimienta negra recién molida

- Aceite vegetal para freír

a) Sofreír la cebolla y el ajo en el aceite hasta que estén ligeramente dorados. Agrega la salsa de tomate, el caldo y los chipotles en salsa adobo.

b) Combine la carne de res, cerdo, cebolla, cilantro, pan rallado, huevo y sazone con sal y pimienta. Mezcle suavemente y luego forme pequeñas albóndigas.

c) Vierta un par de cucharadas de aceite en una cacerola pesada y dore las albóndigas.

46. Albóndigas de cóctel de arándanos

Ingrediente

- 2 libras Chuck, tierra

- 2 cada uno   Huevos

- ⅓ taza de salsa de tomate

- 2 cucharadas de salsa de soja

- ¼ de cucharadita de pimienta

- 12 onzas de salsa de chile

- 1 cucharada de jugo de limón

- 1 taza de hojuelas de maíz, migas

- ⅓ taza de perejil, fresco, picado

- 2 cucharadas de cebolla, verde y picada

- 1 diente de ajo de cada uno, prensado

- 16 onzas de salsa de arándanos, integral

- 1 cucharada de azúcar morena

a) Combine los primeros 9 ingredientes en un tazón grande; revuelva bien. Forme bolas de 1 pulgada con la mezcla de carne.

b) Colocar en un molde para gelatina de 15x10x1 sin engrasar. Hornee sin cubrir a 500F durante 8 a 10 minutos.

c) Escurra las albóndigas y transfiéralas a una fuente para calentar y manténgalas calientes.

d) Combine la salsa de arándanos con los ingredientes restantes en una cacerola. Cocine a fuego medio hasta que burbujee, revolviendo ocasionalmente; vierta sobre las albóndigas. Sirva caliente.

47. Albóndigas de vino

Ingrediente

- 1½ libras Chuck, molido
- ¼ de taza   Pan rallado, sazonado
- 1 cebolla mediana; Cortado
- 2 cucharaditas   Rábano picante, preparado
- 2 dientes de ajo; aplastada
- ¾ taza Jugo de tomate
- 2 cucharaditas   Sal
- ¼ de cucharadita de pimienta
- 2 cucharadas de margarina
- 1 cebolla mediana; Cortado
- 2 cucharadas de harina para todo uso

- $1\frac{1}{2}$ taza de caldo de res
- $\frac{1}{2}$ taza Vino tinto seco
- 2 cucharadas de azúcar morena
- 2 cucharadas de salsa de tomate
- 1 cucharada   Jugo de limon
- 3 galletas de jengibre; derrumbado

a) Combine los primeros 8 ingredientes, mezclando bien. Forme bolas de 1 "; colóquelas en una fuente para hornear de 13x9x2". Hornee a 450 grados durante 20 minutos. Retirar del horno y secar el exceso de grasa.

b) Caliente la margarina en una sartén grande; saltee la cebolla hasta que esté tierna. Incorpora la harina; agregue gradualmente el caldo de res, revolviendo constantemente. Agrega los ingredientes restantes. Cocine a fuego lento durante 15 minutos; agregue las albóndigas y cocine a fuego lento durante 5 minutos.

48. Chuletas (albóndigas de coctel mexicano)

Ingrediente

- 2 libras de carne molida
- 2 tazas   Ramitas de perejil; Picado
- 3 cebollas amarillas; Picado
- 2 huevos grandes; ligeramente golpeado
- 1 cucharada   Sal
- $\frac{1}{2}$ taza Queso parmesano; Recién rallado
- $\frac{1}{2}$ cucharadita de salsa tabasco
- 1 cucharadita de pimienta negra
- 3 tazas   Miga de pan seco
- Aceite de oliva

a) Mezcle todos los ingredientes excepto las migas.
    Forme bolas pequeñas del tamaño de un cóctel.

b) Enrolle las bolas en el pan rallado. Enfriar bien.
    Sofría en aceite de oliva de tres a cuatro minutos.
    Transfiera a un plato de frotamiento. Sirva con su
    salsa favorita como salsa para mojar. Rinde
    aproximadamente 15 por libra de carne molida.

49. Albóndigas de fiesta de plato de frotamiento

Ingrediente

- 1 libra   Carne molida

- ½ taza de pan rallado fino y seco

- ⅓taza de cebolla; picado

- ¼ taza de leche

- 1   Huevo; vencido

- 1 cucharada de perejil fresco; picado

- 1 cucharadita de sal

- ½ cucharadita de pimienta negra

- 1 cucharada de salsa Worcestershire

- $\frac{1}{4}$ taza de manteca vegetal Crisco

- 1 botella de 12 oz de salsa de chile

- 1 tarro de gelatina de uva de 10 oz

a) Forme albóndigas de 1 ". Cocine en una sartén eléctrica en manteca caliente a fuego medio durante 10-15 minutos o hasta que se doren. Escurra sobre toallas de papel.

b) Combine la salsa de chile y la gelatina de uva en una cacerola mediana (o la misma sartén eléctrica); revuelva bien. Agregue las albóndigas y cocine a fuego lento durante 30 minutos, revolviendo ocasionalmente. Sirva con palillos de dientes sacados de una fuente para calentar para mantener el calor.

50. Albóndigas de cóctel de alce

Ingrediente

- 2 libras   Carne molida

- 1 cada huevo, ligeramente batido

- ½ cucharadita de pimienta

- 1 taza de pan rallado fino

- 1 cucharadita de sal

- ½ taza de leche

- 2 cucharaditas de cebolla rallada

- $2\frac{1}{2}$ taza de jugo de piña

- $\frac{1}{4}$ taza de harina

- 1-2 cucharaditas de manteca vegetal

- 1 taza de salsa barbacoa

DIRECCIONES

a) Mezcle la carne, las migas, el huevo, la sal, la pimienta, la leche, la pimienta y la cebolla; Forme pequeñas albóndigas. Dorar en manteca caliente. Mezcle el jugo de piña, la salsa barbacoa y la harina. Agrega las albóndigas a la salsa.

b) Hornee en una cazuela durante una hora y media a 350 grados. Se puede servir frío o caliente sobre palillos.

CONCLUSIÓN

La mayoría de nosotros asociamos las albóndigas con los clásicos de la cocina italoamericana: salsa marinara cocida a fuego lento que recubre las bolas con olor a orégano, apiladas encima de los espaguetis. Pero las albóndigas también aparecen en la cocina de otras culturas, desde el Medio Oriente hasta el sudeste asiático. Después de todo, una albóndiga a menudo utiliza cortes de carne menos deseables, los que necesitan picado fino y una serie de complementos para disfrutarlos adecuadamente, por lo que los cocineros de todo el mundo se han dado cuenta de que son una forma ideal de utilizar trozos adicionales de carne dura. , paleta de cerdo grasosa.

Cualquiera que sea el sabor que esté deseando actualmente, probablemente se pueda adaptar a la fórmula de carne, pan, huevo y sal. De hecho, ni siquiera necesitas la carne para una albóndiga. ¡Tenemos una bola de verduras de la que estamos muy orgullosos!

Lightning Source UK Ltd.
Milton Keynes UK
UKHW020732210621
385887UK00005B/84

9 781802 886665